Ángel de Saavedra. Duque de Rivas

El ventero

Barcelona **2024**
Linkgua-ediciones.com

Créditos

Título original: El ventero.

© 2024, Red ediciones S.L.

e-mail: info@linkgua.com

Diseño de cubierta: Michel Mallard.

ISBN rústica: 978-84-9816-060-4.
ISBN ebook: 978-84-9897-532-1.

Sumario

Créditos _____ **4**

Brevísima presentación _____ **7**
   La vida _____ 7

El ventero _____ **9**

Libros a la carta _____ **21**

Brevísima presentación

La vida

Duque de Rivas, Ángel Saavedra (Córdoba, 1791-Madrid, 1865). España. Luchó contra los franceses en la guerra de independencia y más tarde contra el absolutismo de Fernando VII, por lo que tuvo que exiliarse a Malta en 1823. Durante su exilio leyó obras de William Shakespeare, Walter Scott y Lord Byron y se adscribió a la corriente romántica con los poemas El desterrado y El sueño del proscrito (1824), y El faro de Malta (1828).

Regresó a España tras la muerte de Fernando VII heredando títulos y fortuna. Fue, además, embajador en Nápoles y Francia.

El ventero

VENTA. La casa establecida en los caminos y despoblados para hospedaje de los pasajeros. El sitio desamparado y expuesto a las injurias del tiempo como lo suelen estar las ventas.
VENTERO. El que tiene a su cuidado y cargo la Venta y el hospedaje de los pasajeros.
(Diccionario de la Academia.)

La venta y el ventero son, tal vez, la cosa y la persona que no han sufrido la más mínima alteración, la modificación más imperceptible desde el tiempo de Cervantes hasta nuestros días. Pues las ventas de ahora son tales cuales las describió su pluma inmortal, aunque hayan servido alguna vez de casa fuerte, ya en la guerra de la Independencia, ya en la guerra civil, ya en los benditos pronunciamientos. Y los venteros que hoy viven, aunque hayan sido alcaldes constitucionales, y hoy sean milicianos y electores y elegibles, son idénticos a los que alojaron al célebre Don Quijote de la Mancha.

Y lo más raro es que se parecen como se parecían dos gotas de agua a los que en los desiertos de Siria y de la Arabia tienen a su cuidado los «caravansérails»; esto es: las ventas donde se alojan las caravanas en aquellos remotos países, si es que son exactas las descripciones de Chateaubriand, Las Casas, Belconi y Lamartine.

Lugar era éste en que uno de esos prolijos investigadores del origen de todas las cosas podía lucir su erudición y la argucia de su ingenio manifestándonos que las ventas de ahora son los «caravanseradis» de tiempos de moros; y acaso el nombre de «Carabanchel» le ofrecería un argumento inexpugnable. Pero quédese esto para los que siguen la inclinación y buen ejemplo del estudiante que acompañó a Don Quijote a la cueva de Montesinos, y que se ocupaba en escribir la continuación de Virgilio Polidoro, y ocupémonos nosotros del ventero, pues es tipo de tal valía que el curso de dos siglos no lo ha variado en lo más mínimo.

Antes de escribir el contenido, describiremos el continente; antes del actor, la escena, como parece natural, y como lo verifican los naturalistas, que hablando, verbigracia, de la nuez, nos pintan primero el erizo, luego la cáscara y, en último lugar, la parte clara y comible. Hablemos, pues, de la venta antes que del ventero.

La definición que de la palabra «venta» da el Diccionario de la Lengua, y que sirve de epígrafe a nuestro artículo, no deja qué desear, y sería insistir en explanarla hacer agravio al consejo de mis lectores. Porque ¿cuál de ellos no habrá pasado una mala noche, y comido detestablemente en alguna venta, cuando haya hecho un viajecillo de media docena de leguas? La venta, pues, es conocida de todos los españoles y de todos los extranjeros que hayan viajado en España. Pero es preciso no confundir la venta con el «parador», que es un progreso; ni el «ventorrillo», que es un retroceso; pues, por lo común, el ventorrillo sube a venta si le sopla la fortuna, y la venta pasa a ventorrillo cuando ésta, ciega, caprichosa y antojadiza, le niega sus favores. Y en cuanto al parador, advertiremos que, aunque pudiera ser venta en su primitivo origen, hay muchos que nacieron paradores hechos y derechos. Y que su casa no es de veredas ni encrucijadas, sino de caminos reales y carreteros; como si dijéramos, la alta aristocracia de la especie.

Conservan el nombre de ventas muchas que lo fueron y ya no lo son, porque se han convertido en otra cosa, sobre todo en los grandes caminos. Así, se llaman Venta de la Portuguesa, Venta de Santa Cecilia, dos casas de posta que fueron ventas cuando no había carreteras establecidas en los parajes en que se fundaron. Y cuando el sitio en que hubo una se ha convertido en pequeña población arrimándosele otras, se designa con el nombre en plural, verbigracia: Ventas de la Pajanosa, Ventas del Puerto Lápiche, etc., etc. La venta, pues, verdadera, genuina, proprement dite, es la que está aislada, lejos de toda población, y principalmente en caminos de travesía.

Suelen ser ya grandes y espaciosas, ya pequeñas y redondas; pero siempre de aspecto siniestro, colocadas, por lo general, en hondas cañadas, revueltas y bosques; en sitios, en fin, sospechosos, y de modo que sorprendan, como quien dice, al viajero poco experto que con ella tropieza. Las más comunes, se componen de zaguán-cocina, despensa, un cuartucho para el ventero y su familia, si es que la tiene; un corralillo, una mala cuadra y un pajar, Y hasta los nombres apelativos con que suele designárselas indican, a veces, todo lo que son; como, por ejemplo, la Venta del Puñal, la del Judío, la del Moro, la de la Mala Mujer, ídem de los Ladrones y otros tales de que no me acuerdo, ni importa para nuestro propósito. Pasemos, pues, al ventero y cumplamos con el título de este artículo.

El ventero, aunque habitador del campo, no ha pasado, generalmente, sus primeros años en él, ni ha sido gañán u hortelano, ni ayudado de un modo o de otro al cultivo de la tierra. Por lo regular, fue en su juventud soldado o contrabandista, esto es, hombre de armas, y si no nació con temperamento belicoso y bajo la influencia del planeta Marte, fue, sin duda, en sus años mozos, calesero, arriero o corredor de bestias, que el vulgo suele llamar «chalán». No quita esto el que el ventero haya podido ejercer antes alguna otra profesión. El que escribe estas líneas encontró años atrás, en lo más recóndito de Sierra Morena, un ventero que había sido piloto y que hablaba en términos marineros y náuticos, que sonaban extravagantísimos en aquel paraje tan lejano del mar. Y topó con otro en los montes de León que había sido ermitaño. Pero éstas son excepciones. Y al cabo, sea cuál sea la anterior profesión del ventero, en llegando a ventero, ya toma una fisonomía particular.

Más de cuarenta años de edad. Traje según el del país en que está la venta, pero un poco exagerado, y siempre con algún fililí o ribete del de otra provincia. Aspecto grave, pocas palabras, ojos observadores, aire desconfiado o de superioridad, según son los huéspedes que llegan a su casa, son condiciones que debería tener presentes todo pintor que quisiese hacer el retrato de un ventero.

Su vida, que parece debía ser monótona y sedentaria, es, por lo contrario, variada y activa: en los ratos de ocio se ocupa en aguar el vino, en poner algunos granos de pimienta en los frascos del fementido aguardiente, en picar carne de alguna muerta caballería o en adobar una albarda. Cuando tiene huéspedes, no sosiega del fogón a la cuadra, de ésta al pajar, de allí al mostrador, luego al corralillo por leña, luego a la despensa por aceite; anda hecho un azacán. Si tiene huéspedes, parece que de noche no duerme: los vigila; si está solo, tiene el oído alerta al menor ruido; muchos días pasa en el monte; otros, en la ciudad vecina. Conoce a todos los arrieros que transitan aquella tierra, y sabe sus gustos y sus condiciones, y a dó van y de dó vienen, y bebe con ellos, y come también con ellos, y a unos les habla mucho y a otros poco; pero a todos les pregunta algo al oído; conoce también a todos los labradores y propietarios de la redonda. Y como si fueran suyas todas las reses que pastan en aquellos contornos y todas las caballerías de la provincia.

Si a medianoche se oye un tiro, sabe si es de uno que está a espera de conejos o de jabalíes, o si es otra cosa. Si oye el restallar de una honda a deshora, dice el nombre del vaquero que la restalla y el de la res a quien se dirige la piedra. Adivina por el tintín de las esquilas, o por el tomb tomb de las zumbas, de quiénes son las recuas que pasan por otra encrucijada vecina; pero a quien conoce por instinto particular, propio del oficio de ventero, es a los contrabandistas y a los individuos del resguardo. A veces vuelve a la venta a hora inusitada con las manos ensangrentadas, porque viene de una alquería inmediata de ayudar a abrir un cerdo o degollar una ternera; y si, estando sentado al fuego, oye un silbido, él echa tarancas secas para que se levante llamarada y salgan chispas por la chimenea, o abre un ventanuco por donde se vea la lumbre o la luz del candil, o sale con su escopeta a rondar por la venta, o se queda serio y alerta o atranca la puerta súbitamente, o va a avisar a la cuadra o al pajar a algún arriero, o acaso algún huésped que se esconde en el desván y que no gusta de gente y de conversación.

En una de tantas trifulcas en que los hombres de bien han tenido en esta última época que tomar las de Villadiego para no ser víctimas de la turba desharrapada, que en nombre de la patria y de la libertad, y capitaneada o instigada por unos cuantos voceadores, instrumento de tres o cuatro solapados e hipócritas ambiciosos, esgrimía, fanática, el puñal contra el verdadero patriotismo y acrisolada virtud, un amigo mío tuvo que escapar, disfrazado, a medianoche, de una de las primeras capitales de España para dirigirse a una frontera, poniendo su suerte en manos y bajo la dirección de un contrabandista.

Este tal iba, pues, por sendas y vericuetos con su diestro conductor para evitar algún mal encuentro, y al terminar una encapotada tarde de otoño, y después de atravesar espesos matorrales y quebradas lomas, llegó a una venta que en medio de un despoblado y en la encrucijada de dos malos caminos, como de ruedas y otro de herradura, sobre una hondonada, había. Soplaba recio el viento, agitando la maleza y las copas de algunas encinas que de trecho en trecho se erguían en el raso que la venta ocupaba; el cielo parecía de plomo atravesado de siniestras ráfagas de color de leche, últimos esfuerzos de un Sol moribundo; por una cabaña o rambla se descubría a un lado, y a lo lejos en el remoto horizonte, una gran población, cuyas gigantescas torres se dibujaban distintamente sobre una lista roja que marcaba el ocaso. La hora, el sitio y lo destemplado de la atmósfera y el aspecto de la venta hicieron una impresión indefinible en el ánimo, ya harto combatido, del viajero, que involuntariamente tiró de las riendas al caballo y lo paró. «¿Vamos a pasar ahí la noche?», preguntó, con un acento particular, al contrabandista. Y éste le contestó, advirtiendo el tono de la pregunta, difícil era pasarla en mejor paraje: «¿Quién ha de dar aquí con nosotros?» Y el viajero, sin replicarle, clavó los ojos en la gran población que ya se descubría apenas en el borrado horizonte, lanzó un suspiro y avanzó hacia la venta. Un enorme perro mastín salióles al encuentro ladrando y meneando la cola, y una vieja de fisonomía estúpida y de traje sucio y miserable, y un hombre de cincuenta años, alto, recio, con una cara cetrina, a cuya tez oscura y áspera daban realce dos enormes patillas grises y un pañuelo de colores brillantes, rebujado a la cabeza, asomaron a la puerta de la venta. Llegó a ella nuestro prófugo al tiempo en que empezaban a caer gruesas gotas, cerrando casi la noche. Y aquellas dos figuras de mal agüero, que se dibujaban y sobresalían por oscuro sobre el fondo rojizo del interior de la venta, iluminada con la llama del hogar, y que aún de frente recibían la última incierta claridad del crepúsculo, le inspiraron un profundo terror. Pero viendo que el contrabandista se había quedado un tanto atrás oteando desde una alturilla toda la comarca, pregunté, resuelto: «¿Hay posada?» Miráronse el ventero y la ventera, que eran los personajes que estaban en la puerta, y aquél, con tono desabrido, pero no muy resuelto, contestó: «Lo que es esta noche no la hay...»

«Porque... —continuó la viejezuela—, porque es imposible...; no hay nada en la venta...», y... en esto llegó el contrabandista, dijo dos o tres palabras que no entendió su compañero de viaje, porque no eran castellanas, y como por encanto hubo al instante posada, y el ventero vino a tener el estribo al encubierto huésped, y la ventera ayudó al contrabandista a descolgar las escopetas y a recoger manta y alforjas, y, tomando un candil, llevó a los huéspedes a la caballeriza, donde ambos acomodaron sus cabalgaduras, para las que trajo inmediatamente recado el ventero.

Volvieron al zaguán-cocina, que estaba lleno de humo, los cuatro actores de esta escena. La ventera echó retamas secas en el hogar, cuya llamarada lo iluminó todo, y se vieron al otro extremo del zaguán-cocina, reunidas en un rincón, seis u ocho escopetas, lo que llamó la atención del contrabandista. Mi amigo se sentó en un poyo junto a la lumbre, y el ventero salió a la puerta y llamó al perro, que aún ladraba fuera.

La noche empezó oscurísima, la lluvia arreciaba, el viento aumentaba su fuerza y el humo de la cocina era intolerable. El contrabandista preguntó a la vieja: «¿Qué se podrá aviar para la cena? «Nada hay en la casa —respondió aquélla— sino vino y aguardiente, pan y pimientos.» «¿No hay huevos?» «Tampoco.» «¿Bacalao, arroz...?» «No hay nada.» «Medrados estamos —dijo el encubierto—, y tengo un hambre como nunca...»

Volvió en esto el ventero con el perro, dejando atrancada la puerta, y le dijo el contrabandista, dando otra ojeada a las escopetas y mirándolo con aire socarrón: «¿Y la chica?... Que salga; no la escondas, que es lo único bueno que hay en tu casa.» Y saltó la ventera y dijo: «No está aquí; se fue esta mañana con la burra a la villa; vino por ella el Rojo...», y continuó el ventero: «...el criado del señor administrador.» «¿Y el Chupen?», preguntó el contrabandista. «Se fue esta tarde al huerto, y allí dormirá.» «¿Conque estáis solos?» «Solos estamos», dijeron a un tiempo el ventero y la ventera; pero el contrabandista volvió los ojos con una expresión tan ladina hacia el montón de escopetas, que la vieja se fue al corral por leña, y el ventero, después de un momento de turbación muy marcada, le dio una palmada en el hombro al contrabandista, y le dijo: «¿Qué, pollo?...» Y tomando un frasco cuadrado de un vasar y un vasillo de vidrio, llenó éste de aguardiente y se lo presentó a su interlocutor, diciéndole: «Vaya por la gente dura.»

Ajeno de cuanto pasaba en rededor de sí estaba mi amigo, cansado, hambriento y embebido en dolorosos recuerdos y en poco lisonjeras esperanzas, humeaba maquinalmente un cigarro y halagaba el carnudo cuello del enorme mastín, con quien estaba en perfecta amistad y armonía.

Bebió el contrabandista, bebió el ventero y empezó entre ambos un diálogo muy animado, en una especie de jerga o algarabía, en que los nombres y los verbos eran de otro idioma muy extraño; pero los artículos, conjunciones y partículas, enteramente de nuestra lengua. Nada entendió el viajero encubierto, ni se curó de ello. Y concluida la conversación de los otros, que no fue larga, el contrabandista dio la mano muy apretada al ventero, y volviéndose a mi amigo, con gran impaciencia le dijo: «Vamos, vamos a cenar cualquier cosa y a dormir, que mañana tenemos una jornada mayor que la de hoy, que no ha sido floja. Ya he dispuesto que en un cuartito arriba se le ponga a usted una cama, que con el colchón del tío Trabuco, que es nuestro hostelero, y con las jalmas de mi jaca, y con la manta y ese capote, podría servir para un intendente...; pero pronto, pronto.» Y viendo entrar a la ventera con un haz de leña: «Vamos, tía Veneno; ponga usted la sartén y fría unos ajos, que yo le daré pan y chorizos para que nos haga unas sopas... ¿No es verdad, nostramo?» «Sí; me conformo con cualquier cosa; dispóngalo usted a su gusto.» «Vivan los hombres duros. Cuidado, que no lo es poco su merced», dijo el contrabandista, y comenzó a sacar de sus alforjas el repuesto.

La tía Veneno puso una sartén enorme al fuego. Mi amigo le preguntó: «¿Para qué tan grande?» Y respondió la bruja: «Mientras más gracia dé Dios, mejor.» El contrabandista la miró con malignidad, dijo otra palabra en su jerga al ventero, que estaba desmenuzando el pan y cortando los chorizos con una navaja de a vara, y, tomando sus escopetas, les quitó el cebo, acomodó la piedra, las volvió a cebar y las puso a su lado en un rincón, diciéndole al ventero con una sonrisa de inteligencia: «Ya estamos listos.»

En un santiamén se hizo la cena, y en un santiamén se engulló por mi amigo, su conductor, el tío Trabuco y la, tía Veneno, echando, sin embargo, sopas para una comunidad. El vino de la venta, que era una verdadera zupia, y el aguardiente de pita de la misma, que era una verdadera ponzoña, se expendieron en abundancia; y sin dejar a mi amigo más tiempo que el de encender su cigarro y el de tirar un zoquete al mastín, con quien había simpatizado, le dijeron los tres a coro: «¡Ea! A dormir, a descansar, y Dios dé a su merced buena noche.» Y mientras la Veneno subía a rastra al sobrado un colchón miserable, y el contrabandista la alumbraba con el candil, llevándose también las jalmas y manta de su caballería, el ventero, picando un cigarro y balbuciendo un poco, porque el aguardiente le trababa la lengua, y queriendo dar a su fisonomía de suela una expresión de bondad y de sencillez, que le daban un aire muy grotesco, dijo a mi amigo: «Aquí, su mercé, con toa confianza. No estará como merece, pero yo y mi pobreza estamos pa lo que guste mandá; a dormir, a dormir; no tenga su mercé cudiao.» En esto volvió el contrabandista, diciendo: «¡Ea!, al avío, al avío tiene su mercé una cama como la de un obispo; a dormir, a dormir.»

Subió mi amigo una escalerilla como el cañón de una chimenea, y entró en un estrecho camaranchón tan rodeado de grietas y mechinales, que corría en él el mismo viento que en mitad del campo; siendo tantas las goteras que de la mal segura techumbre caían, que se hubiera debido entrar allí con paraguas; sin ventanas, sin puertas ni vidrieras, daba franco paso a una corriente de aire con que hubiera podido moler un molino de viento. Notado lo cual por el contrabandista, tapó, ayudado del tío Trabuco, aquel importuno respiradero con una antigua y jubilada albarda que en el desván yacía.

Acurrucóse mi amigo lo mejor que pudo en aquel fementido y apocado lecho, y dándole las buenas noches, con encargo de que se durmiese pronto, el ventero, la bruja y el sagaz conductor se retiraron con el candil, cerrando por fuera con cerrojo la puerta, esto es, dejando encerrado al huésped. Notólo éste, y aún quiso oponerse con buenas razones, que cortó el contrabandista diciéndole «que por dentro no había pestillo, y que si se dejaba la puerta sin sujeción, estaría golpeando toda la noche». Además, que él vendría a despertarlo a la hora de la partida. Con lo que quedó mi amigo convencido. Por los resquicios entró la luz del candil, dibujando en las toscas paredes rayas irregulares, que fueron disipándose hacia el techo; sonaron las pisadas por los escalones abajo, y todo quedó a oscuras y en silencio.

El viajero disfrazado llevaba ya seis días de penosa marcha, y había andado aquel día catorce leguas en un caballo trotón por recuestos y vericuetos; circunstancias que bastan para que se crea que pronto quedó dormido. Y aunque en el breve tránsito de la vigilia al sueño, y estando ya, como se dice vulgarmente, transpuesto, oyó abrir una puerta, y luego otra, que le pareció la del campo, y ruido de gente y de herraduras y de relinchos, sin dársele de ello un ardite, se abandonó en los brazos de Morfeo.

Cuatro horas largas de sueño llevaría, cuando los tenaces ladridos del perro le despertaron. Como estaba vestido, se incorporó pronto en el lecho, y como notara que el reparo puesto al ventanuco había venido al suelo, cosa que advirtió porque la Luna había salido y, aunque velada de opacas nubes, difundía alguna claridad, se levantó resuelto a volver a tapar aquel boquete. Al acercarse a él, creyó ver a lo lejos cuatro o seis fogonazos, de que oyó inmediatamente las detonaciones; fijó los ojos a aquel lado, pero nada vio ni oyó más que el confuso rumor del galope de algunos caballos. Hubiera permanecido, curioso, en su atalaya si el frío y el no haber vuelto a oír rumor alguno no le obligaran a volver a tapar el ventanillo y a regresar tiritando a su lecho, no sin formar mil conjeturas, precisamente las propias de su extraña posición.

No volvió en todo el resto de la noche a hacer sueño de provecho, aunque, después de cavilar un rato, recobró el cansancio su imperio y lo dejó transpuesto, en cuyo estado, y sin saber si era ensueño o realidad, oyó nuevo tropel de caballos, voces roncas y confusas, ladridos, quejidos y carcajadas y como los golpes de un azadón que abrían algún hoyo en el corral; pero todo tan vago, tan inconexo, tan confuso, que en el casi sueño en que se mantuvo hasta el amanecer no le dejó formar ninguna idea distinta y clara.

Ya empezaba el crepúsculo de la mañana, cuando el contrabandista entró a despertarle y a decirle que era la hora de ponerse en marcha, preguntándole qué tal había pasado la noche. «Muy mal —contestóle mi amigo—; amén de las pulgas, que me han devorado, y de las ratas, que se han paseado a su sabor sobre mí, y del viento y de las goteras, el ruido ha sido infernal... ¿Qué diablos ha habido esta noche en esta venta?... ¿Han llegado más pasajeros? ¿Se ha dado en ella una batalla? ¿Qué demonios ha ocurrido?» Replicó el contrabandista: «Pues ¿qué ha oído usted?...» Y repuso el otro: «No es cosa de cuidado: tiros, carreras, ladridos, voces, lamentos... ¿Qué sé yo?» A lo que el contrabandista, con afectada serenidad, dijo: «Vaya, usted bebió anoche un traguito más; nada ha habido, ni nadie ha entrado en la venta; sin duda usted ha soñado esas cosazas.»

«¿Cómo sueño? —saltó el viajero—. No, señor; estaba muy despierto cuando empezó la algazara; he visto y oído los tiros; he conocido la voz del ventero..., y aun la de usted...»

«Pues si es así —le interrumpió el contrabandista—, crea, porque le conviene, que ha soñado... Y no se dé por entendido, y diga aquí abajo y en todo el mundo que se ha pasado la noche de un tirón, durmiendo a pierna tendida como un bienaventurado.»

«Pero, hombre, es terrible», dijo mi amigo. Y atajóle su conductor más bajo: «Os importa la vida...; no conocéis lo que son ventas y venteros...» Y continuó en voz alta: Vamos, vamos, basta de sueño. ¡Caramba, y qué pesadez!... Al avío, al avío, que ya es tarde.»

Bajaron ambos del camaranchón y se dirigieron a la caballeriza, donde tenían ya sus cabalgaduras listas. Pero notó mi amigo que había otros dos caballos atados a la pesebrera, fatigados, mustios y enlodados. Sacaron los suyos al zaguán-cocina nuestros viajeros, y el disfrazado advirtió, temblando, que en el suelo había sangre reciente, que en vano se había querido hacer desaparecer a fuerza de agua. El montón de escopetas no estaba en el rincón; la bruja encendía el hogar. El tío Trabuco andaba como desatentado. Pagóle el contrabandista, y cambiaron varias palabras fuertemente acentuadas en aquella jerga con que se comunicaban. Cabalgaron, al fin, los huéspedes, y al alargar el ventero un vaso de aguardiente a mi amigo, advirtió éste en la velluda y tosca mano manchas de sangre, y manchas de sangre en la camisa...

Partieron de la venta los viajeros al momento en que el Sol asomaba por el Oriente, anduvieron como media legua sin decirse una sola palabra cuando, al atravesar una estrechura, se encontraron con un reguero de sangre que iba a perderse en un espeso matorral. Llamóle la atención a mi amigo, y quiso seguir el rastro; pero su compañero le detuvo apresurado. «¡Señor!, ¿qué ha sido esto? ¡Yo me horrorizo!», exclamó aquél, y éste le dijo: «¡Cachaza, cachaza! Estas son cosas de mundo, y no me pregunte su merced nada, porque mi oficio es callar.»

«Pero, hombre, ¿callar una cosa así?, dijo mi amigo. «Sí, señor —contestóle su conductor—; del mismo modo que no diré, aunque me hagan pedazos, ni el nombre de usted ni las desgracias que le obligan a andar por estos vericuetos, porque se ha fiado usted de mí, y esto basta, tampoco diré a nadie, aunque me hagan pedazos, lo que ha pasado esta noche en la venta, porque se ha fiado de mí el ventero, y esto basta; por tanto, no me pregunte más su merced, que será en balde.»

Tres días más duró el viaje; al cabo de ellos, llegaron a la frontera; en ella se despidió el prófugo, ya en salvo, de su fiel conductor, y al ir a gratificarle con unas monedas de oro, las rechazó el contrabandista, y le dijo: «No quiero más recompensa de lo que he hecho por su merced sino que me jure y me dé su palabra de caballero de que jamás nombrará la venta de marras, ni contará lo que en ella soñó.» Prometióselo mi amigo, se separaron y, volviendo ambos al perderse de vista para despedirse, el contrabandista, con una expresión singular, puso el índice de la mano derecha en los labios, y gritó a su compañero de viaje: «Apanda la mui.»

Madrid, 1839.

Fin

Libros a la carta

A la carta es un servicio especializado para

empresas,

librerías,

bibliotecas,

editoriales

y centros de enseñanza;

y permite confeccionar libros que, por su formato y concepción, sirven a los propósitos más específicos de estas instituciones.

Las empresas nos encargan ediciones personalizadas para marketing editorial o para regalos institucionales. Y los interesados solicitan, a título personal, ediciones antiguas, o no disponibles en el mercado; y las acompañan con notas y comentarios críticos.

Las ediciones tienen como apoyo un libro de estilo con todo tipo de referencias sobre los criterios de tratamiento tipográfico aplicados a nuestros libros que puede ser consultado en Linkgua-ediciones.com.

Linkgua edita por encargo diferentes versiones de una misma obra con distintos tratamientos ortotipográficos (actualizaciones de carácter divulgativo de un clásico, o versiones estrictamente fieles a la edición original de referencia).

Este servicio de ediciones a la carta le permitirá, si usted se dedica a la enseñanza, tener una forma de hacer pública su interpretación de un texto y, sobre una versión digitalizada «base», usted podrá introducir interpretaciones del texto fuente. Es un tópico que los profesores denuncien en clase los desmanes de una edición, o vayan comentando errores de interpretación de un texto y esta es una solución útil a esa necesidad del mundo académico.

Asimismo publicamos de manera sistemática, en un mismo catálogo, tesis doctorales y actas de congresos académicos, que son distribuidas a través de nuestra Web.

El servicio de «libros a la carta» funciona de dos formas.

1. Tenemos un fondo de libros digitalizados que usted puede personalizar en tiradas de al menos cinco ejemplares. Estas personalizaciones pueden ser de todo tipo: añadir notas de clase para uso de un grupo de

estudiantes, introducir logos corporativos para uso con fines de marketing empresarial, etc. etc.

2. Buscamos libros descatalogados de otras editoriales y los reeditamos en tiradas cortas a petición de un cliente.

www.ingramcontent.com/pod-product-compliance
Lightning Source LLC
Chambersburg PA
CBHW032115040426
42337CB00041B/1491